LA GUERRA DE SUCESIÓN DE AUSTRIA

Mientras los primeros enfrentamientos entre ingleses y franceses en Norteamérica se remontan a finales del siglo XVII, el año 1744 marca un momento clave en las actividades militares de las fuerzas colonialistas. Esta fecha coincide con la guerra de Sucesión de Austria. Este conflicto, que va de 1740 a 1748, se inicia con la muerte del emperador del Sacro Imperio Romano Germánico, Carlos VI (1685-1740). Su hija, María Teresa de Austria (1717-1780), decide confiar el poder a su marido, Francisco Esteban de Lorena (1708-1765), duque de Lorena y de Bar. Pero los hermanos de la heredera también quieren gobernar el Imperio. Entre los candidatos a la sucesión, se encuentran:

- Felipe V de España (1683-1746);
- Federico II de Prusia (1712-1786);
- Augusto III de Sajonia y de Polonia (1696-1763);
- y Carlos Alberto (1697-1745), príncipe elector de Baviera.

Este último recibe el apoyo de Francia, que entra en el conflicto, igual que Prusia, que aprovecha para invadir Silesia, una rica región minera del sur de Polonia. Por su parte, los ingleses y los holandeses apoyan la causa austriaca para oponerse a los intereses franceses. Poco a poco, el conflicto se extiende y cada Estado europeo se posiciona a favor de uno de los dos bandos.

Finalmente, se firma la paz con el Tratado de Aquisgrán

en 1748 y el conflicto acaba sin que haya un perdedor real: María Teresa de Austria mantiene sus prerrogativas y Prusia firma una tregua ventajosa que le garantiza el control sobre los territorios conquistados. A pesar de que Francia no ha vivido grandes reveses militares, lo cierto es que sale debilitada diplomática y económicamente de este conflicto.

Mientras las grandes potencias se desgarran entre ellas en el Viejo Continente, también deciden reforzar su presencia militar en Norteamérica, dado que Inglaterra está muy decidida a poner punto final a la hegemonía francesa en esta región. En efecto, considera que la presencia francesa en este continente es un peligro constante.

CANADÁ, UNA TIERRA DESEADA

Canadá siempre ha despertado las ambiciones de los poderosos, en gran medida por sus riquezas naturales. Controlar este territorio significa obtener el monopolio del comercio de la piel y de la pesca. Sin embargo, el inicio de las hostilidades con los autóctonos (sobre todo, con los iroqueses) y las enfermedades limitan la expansión colonial hasta finales del siglo XVII.

A mediados del siglo siguiente, los ingleses efectúan sus primeras acciones militares contra los intereses franceses en Canadá. Los colonos que están allí instalados y que han vivido un periodo de paz relativa entre 1713 y 1744 ahora ya están acostumbrados a los conflictos y deben crear su propia milicia, amparados por Francia. Por otra parte, gozan de una cierta independencia gracias a las instituciones locales y regionales que los gobiernan. Poco a poco, se va formando

LA BATALLA DE LAS LLANURAS DE ABRAHAM

Inglaterra en las puertas de Quebec

Por Guillaume Henn
En colaboración con Romain Parmentier
Traducido por Laura Soler Pinson

Historia en50MINUTOS.es

LA BATALLA DE LAS LLANURAS DE ABRAHAM

DATOS CLAVE

- **¿Cuándo?** El 13 de septiembre de 1759.
- **¿Dónde?** En Quebec.
- **¿Contexto?** La guerra de los Siete Años (1756-1763).
- **¿Beligerantes?** El reino de Francia contra el reino de Gran Bretaña.
- **¿Principales protagonistas?**
  - James Wolfe, general inglés (1727-1759).
  - Louis Joseph de Montcalm, teniente general francés (1712-1759).
  - Louis Antoine de Bougainville, teniente francés (1729-1811).
- **¿Resultado?** Victoria inglesa.
- **¿Víctimas?**
  - Bando inglés: unos 58 muertos y 600 heridos.
  - Bando francés: unos 116 muertos y 600 heridos.

INTRODUCCIÓN

La batalla de las Llanuras de Abraham sella el futuro de la presencia francesa en Canadá. Se inscribe en un conflicto decisivo que opone a Francia e Inglaterra, es decir, a las mayores potencias coloniales del siglo XVIII. Para los protagonistas, está en juego el control de las tierras canadienses.

Desde el mes de junio de 1759, Quebec sufre el asedio del Ejército británico. Los franceses, liderados por el teniente general Louis Joseph de Montcalm (1712-1759), aguantan estoicamente su posición a pesar de la superioridad numérica y material de los asaltantes. Montcalm tiene la intención de alargar el asedio hasta el invierno y espera que los ingleses den media vuelta. Pero tras 3 meses de bombardeos, el general inglés James Wolfe (1727-1759) ordena el desembarco de sus tropas en las llanuras de Abraham, una meseta situada en la orilla oeste del río San Lorenzo, para gran sorpresa de las tropas francesas: en efecto, el terreno que han escogido los ingleses es irregular y poco practicable.

La situación se vuelve todavía más crítica por la información equivocada que tiene en su poder Louis Joseph de Montcalm, que lo anima a distribuir sus fuerzas de defensa de manera poco estratégica. El enfrentamiento será breve y desigual: el efecto sorpresa ayuda y la victoria británica es clara, ya que además las tropas inglesas están en mejor forma. Las pérdidas francesas son cuantiosas, tanto desde un punto de vista humano como estratégico: en efecto, la batalla de las Llanuras de Abraham significa la caída de Quebec. El acontecimiento marca también una etapa determinante de lo que los habitantes de Quebec llaman todavía hoy en día la *guerre de la Conquête* (1754-1763) —«guerra de la Conquista»—.

una élite colonial francesa y se desarrolla la población, pero no puede compararse con las trece colonias británicas que están allí implantadas: estas, fortalecidas por un millón de habitantes, son dieciséis veces más numerosas. Para intentar solucionar esta desventaja numérica, los franceses se lanzan en una política de alianzas con las tribus autóctonas. Sin embargo, la ventaja numérica de los ingleses sigue siendo clara y estos inician su ofensiva en 1754, es decir, dos años antes del principio de la guerra de los Siete Años.

¿SABÍAS QUE...?

La guerra de los Siete Años deriva, por un lado, del enfrentamiento entre Francia e Inglaterra por la constitución de un imperio colonial y, por otro, de la voluntad de María Teresa de Austria de recuperar Silesia de manos de los prusianos. Este choque se convierte en el primer gran conflicto a escala casi mundial. Los historiadores lo sitúan habitualmente entre 1756 y 1763, aunque ya estallan algunas disputas en las colonias dos años antes. En efecto, la fecha del 29 de agosto de 1756 marca el ataque que Federico II de Prusia lanza contra Sajonia. El conflicto enfrenta a Prusia y a Austria, así como a Francia y a Inglaterra, y se extiende rápidamente por toda Europa.

Esta guerra, que acaba con la firma del Tratado de París el 10 de febrero de 1763, se convierte en un importante drama humano y financiero para todos los países que han participado en ella. Aunque a partir de ese momento Prusia se impone como una potencia militar de primer orden, ha perdido unos 180 000 hombres y se sumerge en una crisis económica de peso. Por su parte, Inglaterra confirma su supremacía como potencia colonial y naval, pero necesita la ayuda de sus colonias para lograr la recuperación económica. Para acabar, Francia se aísla y abandona sus colonias americanas para concentrarse en una reforma del ejército.

LA VIDA EN NUEVA FRANCIA

Desde el principio, la colonia francesa está regida por la Costumbre de París, un conjunto de leyes dictadas siguiendo una concepción del Estado y de la religión en la que la autoridad paterna es el pilar central. El patrimonio familiar se protege rigurosamente y se impone el régimen señorial. La familia de agricultores aparece representada como una institución que forma la base de la sociedad. Esta visión paternalista del «débil» protegido por su señor está promovida por el Estado para mantener la paz y favorecer a la nobleza.

Además de su legislación, Francia también otorga a sus colonos una auténtica administración. Están dirigidos por un gobernador, que a su vez está asistido por un consejo que le permite crear rápidamente un sistema judicial en el que se aplica la Costumbre de París. Por consiguiente, Nueva Francia se convierte en una provincia que cuenta con las mismas estructuras administrativas que cualquier otra provincia francesa. Los asuntos coloniales se dirigen desde París y la comunicación con la capital se hace a duras penas y solo durante el verano, lo que confiere una importancia todavía mayor a los dos grandes dirigentes de la colonia, es decir, el gobernador y el intendente. El primero se ocupa de los asuntos militares y de la diplomacia y el segundo, de la dirección de las finanzas.

La religión es muy importante en la organización de la sociedad en Nueva Francia. Los jesuitas son los primeros que imparten educación en la colonia. Por su parte, las comunidades religiosas de mujeres se ocupan de los cuidados y de la enseñanza. Estos grupos permiten mantener una buena relación entre colonos y autóctonos. La nobleza local también los aprecia y considera que la carrera eclesiástica es una opción de vida posible para algunos de sus hijos. Sin embargo, las congregaciones masculinas eligen a sus efectivos sobre todo en Francia, lo que explica la tendencia de esta clase social a dirigirse hacia la carrera militar.

UNA COYUNTURA DIFÍCIL PARA LA POBLACIÓN

La ofensiva inglesa reactiva la movilización, tanto entre los colonos como entre las tribus amerindias, que a veces juzgan de una manera bastante negativa a las colonias inglesas.

Varias capas de la población están descontentas con la situación:

- los comerciantes. Para ellos, no hay nada más valioso que un periodo de paz duradero, dado que las carreteras son más seguras y los precios, más estables;

- los milicianos. Es cierto que son mucho más numerosos que antes, pero siguen estando en inferioridad numérica y están peor formados que sus enemigos;
- los agricultores. Lamentan una bajada significativa de la mano de obra debida a las campañas de reclutamiento;
- los oficiales y los representantes de los colonos en las instituciones. Se sienten traicionados por la Corona francesa y se muestran impotentes a la hora de ayudar a sus conciudadanos.

Así, las relaciones entre la metrópoli y los colonos no pasan por su mejor momento en esta mitad del siglo XVIII. De hecho, los canadienses empiezan a considerar que los franceses son incapaces de defender sus intereses en Norteamérica. Este sentimiento, presente desde que los franceses renuncian a retomar el control sobre Acadia, persiste y no deja de crecer. En ese momento, la población también tiene miedo a morir de hambre y padece enfermedades. Se alzan voces de descontento y el pueblo está a punto de sublevarse, aunque no se llega a la revuelta. Poco a poco, los colonos aceptan la idea de que la guerra es la única solución posible, pero no parecen esperar obtener la victoria.

Durante el año 1755, las fuerzas locales canadienses están conformadas por unos 1500 guerreros amerindios y alrededor de 10 000 colonos armados. El enemigo es potencialmente 20 veces superior en número e incluso ha interceptado refuerzos marítimos franceses, así como 300 buques mercantes en 3 meses.

La táctica inglesa es simple: aumentar la presión alrededor de Quebec. Tras un primer año de guerra con un balance moderado, Nueva Francia se resigna. Es cierto que al principio alcanza victorias, pero son provisionales. Los británicos tardan poco en recuperar los lugares. De hecho, estos continúan con su avance y, en 1759, entran en el corazón del país y se dirigen hacia Quebec.

QUEBEC, UN LUGAR ESTRATÉGICO

El promontorio de Quebec es un lugar estratégico, ya que representa el control de Francia en América: los colores de la Corona flotan en lo alto del prestigioso castillo de San Luis, residencia del gobernador donde se toman las decisiones importantes. El edificio domina el río, el valle y la zona baja de la ciudad: es lo primero que ven los visitantes cuando se están acercando. Debe simbolizar a Quebec, erigiéndola como auténtica capital de la colonia. Tres elementos caracterizan la ciudad y le otorgan una importancia mayor:

- el símbolo. Los edificios de la ciudad son conocidos en toda la región; es la capital, donde vive el gobernador;
- la situación geográfica es un elemento determinante. Quien controla Quebec, situada en la cima de los precipicios y en el curso del río San Lorenzo, controla la circulación marítima de toda la región;
- las murallas de la ciudad despiertan la codicia. Son extraordinarias para la región: no son impresionantes, pero sí que son una ventaja que conviene poseer.

Sin embargo, la ciudad está poco habitada y no está bien defendida: en efecto, apenas tiene algo más de 4000 habitantes en 1744. Es menos que las tropas empleadas por el general inglés James Wolfe para el asedio de 1759. De hecho, la ciudad de Quebec está acostumbrada a los asedios, ya que el primero tuvo lugar en 1628. Es tomada en 1629, pero a continuación es devuelta a los franceses. Sin embargo, la empresa militar de James Wolfe resulta estar mucho más determinada a acabar con la presencia francesa en esta zona.

ACTORES PRINCIPALES

JAMES WOLFE, GENERAL INGLÉS

Retrato de James Wolfe.

James Wolfe, hijo de soldado y nacido en 1727, se une al ejército en 1741. Durante la guerra de Sucesión de Austria, desempeña la función de ayudante de su regimiento en Dettingen (Baviera), cuando tan solo tiene 16 años. Rápidamente obtiene galones y se convierte en mayor y, después, en coronel en 1750. Es conocido por su magnanimidad y se rodea de soldados veteranos. En 1757, James Wolfe participa en la expedición infructuosa de Rochefort, en la costa francesa, y a continuación es enviado al otro lado del Atlántico para apoyar la causa de las colonias. Se le atribuyen todos los méritos de la victoria en Luisburgo y es nombrado teniente general a su regreso a Londres. El ministro inglés de la Guerra, William Pitt (1708-1778), lo honra nombrándolo a la cabeza de las tropas encargadas de tomar Quebec. Para él, será la única ocasión que tendrá para efectuar una operación militar. El asedio es duro y pasan 3 meses antes de que intente un movimiento arriesgado que le brindará la victoria, pero que también le costará la vida.

¿SABÍAS QUE...?

La ciudad de Luisburgo, situada a orillas del río San Lorenzo, es la primera plaza fuerte de Nueva Francia. Los franceses son conscientes de su importancia estratégica y, por ello, refuerzan su defensa entre 1756 y 1758, elevando a 11 000 el número de hombres listos para proteger el lugar.

Imagen de la ciudad de Luisburgo tal como era en 1758.

En el mes de junio de 1758, el almirante inglés Edward Boscawen (1711-1761) ordena su asedio. Las condiciones climáticas complicadas y la defensa incansable de los franceses impiden el desembarco británico en un primer momento, lo que provoca el inicio del bombardeo. La flota francesa sufre pérdidas y la ciudad en seguida queda aislada de toda ayuda. El comandante francés encargado de su defensa no tiene más remedio que rendirse el 27 de julio de 1758. Es una victoria fundamental para los ingleses en la toma de Nueva Francia.

A James Wolfe se le presenta a menudo como el brillante general que los británicos esperan desesperadamente en Norteamérica. De hecho, el pintor estadounidense Benjamin West (1738-1820) representa su muerte en 1770 con un cuadro que glorifica su combate y muestra su desaparición como un sacrificio último por la patria.

LOUIS JOSEPH DE MONTCALM, TENIENTE GENERAL FRANCÉS

Retrato de Louis Joseph de Montcalm.

Louis Joseph, marqués de Montcalm, nace en 1712. Desde los 12 años, recibe la enseñanza militar francesa tradicional. Durante la guerra de Sucesión de Austria, desempeña sus funciones a las órdenes de Victor-François de Broglie, futuro mariscal de Francia (1718-1804) y, más adelante, sirve en el norte de Italia, donde es herido y capturado. Tras su liberación, se convierte en jefe de brigada de su regimiento de caballería y, en 1756, es ascendido a general mayor y es enviado a Nueva Francia.

Así, Louis Joseph de Montcalm tiene una trayectoria similar a la de la persona que se convertirá en su adversario en la batalla de las Llanuras de Abraham, aunque tiene un poco más de experiencia, tanto en Europa como en América. En efecto, al igual que James Wolfe, participa en las campañas militares europeas antes de ser enviado a Canadá. Su misión es frenar los ataques reiterados de los británicos a las plazas fuertes francesas y recuperar las posiciones que recientemente se han perdido en esa zona. Allí desarrolla un arte de la guerra diferente al que se practica en el Viejo Continente. En efecto, no dispone de unas tropas tan importantes y sofisticadas como las que podría tener en Europa, y esto lo lleva a modificar sus tácticas. Por lo tanto, apela a autóctonos y a colonos que viven en regiones aisladas. Louis Joseph de Montcalm reconoce en ellos una cualidad segura y útil para el combate: el factor sorpresa. Esta concepción de la guerra le permite recuperar el control del lago Ontario en agosto de 1756. Sabe que está en deuda con los amerindios, pero aun así le choca su comportamiento durante los combates: algunos no dudan en mutilar a sus víctimas y, a veces, se muestran muy crueles.

La pérdida de Luisburgo es un duro golpe para los franceses. Louis Joseph de Montcalm, a la cabeza de 3000 hombres, es el encargado de retomar el Fuerte Carillon, situado entre el lago George y el lago Champlain, punto estratégico en la ruta comercial que va desde la bahía de Hudson hasta el río San Lorenzo. Superado por un enemigo cuatro veces más numeroso que él, se ve obligado a batirse en retirada. A continuación, se le asigna la defensa de Quebec, que está preparándose para sufrir el asedio de James Wolfe.

Así, en la mañana del 14 de septiembre de 1759, Francia pierde a un luchador aguerrido dotado de un gran sentido táctico y capaz de ejecutar las órdenes con mucho ahínco.

LOUIS ANTOINE DE BOUGAINVILLE, TENIENTE FRANCÉS

Retrato de Louis Antoine de Bougainville.

Louis Antoine de Bougainville, nacido en París en 1729, lleva a cabo estudios avanzados en matemáticas y en derecho. Tras una carrera de abogado, se enrola en el ejército. Sirve en la Marina antes de ser nombrado secretario de embajada en Londres. Es enviado a Canadá en 1756 para convertirse en el edecán de Louis Joseph de Montcalm. Allí asiste al declive y a la desaparición de Nueva Francia. A continuación, participa en la guerra de los Siete Años y en la guerra de Independencia de Estados Unidos (1775-1782). Entre estas dos campañas, efectúa una vuelta al mundo que lo lleva a entrar en la historia, sobre todo por sus exploraciones en las islas del Pacífico y cuyo relato publicará en 1771 bajo el título *Viaje alrededor del Mundo*. La novela de Denis Diderot (escritor y filósofo francés, 1713-1784) titulada *Suplemento al viaje de Bougainville* (1796) acabará de perpetuar el nombre de este navegante, primer capitán francés en dar la vuelta al mundo.

ANÁLISIS DE LA BATALLA

LOS PREPARATIVOS

William Pitt, ministro de la Guerra del rey de Inglaterra Jorge III (1738-1820), escribe en una carta dirigida al comandante en jefe Jeffrey Amherst (1717-1797) el 29 de diciembre de 1758: «El rey ha adoptado la decisión de asignar una parte importante de sus fuerzas en Norteamérica, es decir, 12 000 hombres, para llevar a cabo un ataque contra Quebec, por el río San Lorenzo, tomando como punto de partida Luisburgo»[1] (Mathieu 1993, 89).

El rumor de este ataque llega a oídos de los colonos franceses y Louis Joseph de Montcalm convence al gobernador para que adopte una estrategia defensiva. Entonces, decide reagrupar a sus tropas en Quebec y en Montreal, mientras que Louis Antoine de Bougainville, teniente de Louis Joseph de Montcalm, se pone en camino hacia el continente para pedir ayuda. La Corte acepta la posibilidad de perder Quebec y Canadá, pero aun así exige que se lleve a cabo el combate. Por lo tanto, es el momento de preparar las defensas y de consolidar las fortificaciones. Y es que la ciudad tiene dos zonas vulnerables desde un punto de vista topográfico: el norte, donde la pendiente no es pronunciada, y el oeste, donde se sitúan las llanuras de Abraham, por las diferencias de nivel del promontorio.

Todo defensor debe prepararse para el asedio, reuniendo

---

1. Cita traducida por 50Minutos.es

por ejemplo una reserva de víveres suficiente o, también, fabricando carros de transporte para las municiones, y construyendo infraestructuras para los soldados que vienen a reforzar la guarnición. Se trata de actuar con rapidez: el 24 de junio de 1759, al menos 30 000 ingleses y 1900 cañones desembarcan en la otra orilla del río San Lorenzo. Louis Joseph de Montcalm solo puede oponer resistencia con 15 000 hombres y unos mil amerindios.

EL ASEDIO DE QUEBEC

El asedio de Quebec es una batalla de posición: cada bando intenta efectuar desplazamientos tímidos y algunos ataques de vez en cuando, mientras la ciudad sufre bombardeos importantes con frecuencia. El 27 de junio, James Wolfe sitúa la mayor parte de sus tropas en la isla de Orleans, junto al río, al oeste. Poco tiempo después, 4 regimientos se instalan justo en frente de Quebec, al otro lado de la orilla, en la punta Levis.

Por su parte, Louis Joseph de Montcalm y Louis Antoine de Bougainville piensan que la costa de Beauport, en el oeste, brinda la mejor situación para el desembarco. Para ellos, que comparten la misma lógica militar, el asaltante echará pie a tierra lejos, en el este, y a continuación se dirigirá rápidamente a Quebec, forzando el paso del río San Carlos para alcanzar los puntos elevados de la ciudad. Por eso, Louis Joseph de Montcalm decide reforzar ese lado de la orilla.

Por su parte, el general inglés James Wolfe coloca rápidamente sus baterías para que pueda empezar el bombardeo. Entre el 12 y el 19 de julio, una batería de unas quince piezas de gran calibre se abate sobre la ciudad, destruyendo unas 240 casas en apenas una semana. Por suerte, el Hospital General de Quebec parece fuera de alcance y permite acoger a los heridos, que son numerosos. En el bando francés, los nervios están a flor de piel: los milicianos disparan a enemigos invisibles, se activan falsas alarmas y se incendian muchas casas. Intentan replicar con una ofensiva liderada contra las tropas de la punta Levis, pero la penumbra perturba a los regimientos franceses, que al estar compuestos por varios tipos de soldados se disparan entre sí por error: el ataque se salda con un fracaso.

Mientras tanto, se va puliendo la estrategia inglesa y se consideran varias posibilidades de despliegue: por ahora, subir la cuesta escarpada de las inmediaciones de las llanuras de Abraham no es del gusto del Estado Mayor inglés; este prefiere efectuar un desembarco por Anse-des-Mères, una pequeña bahía poco profunda. El 31 de julio, el general James Wolfe intenta llevar a cabo una acción por el este, pero fracasa y pierde a 400 hombres.

En ese mismo momento, Nueva Francia pierde 3 de sus fuertes y el cerco se va cerrando cada vez más alrededor de Quebec. No parece que se vaya a producir un final feliz y el ánimo de los hombres está en el punto más bajo. Entonces, se nombra a Louis Antoine de Bougainville para que tome las riendas de las tropas encargadas de proteger la orilla norte entre Quebec y Cap-Rouge. También recibe la orden de volver a motivar a las tropas.

Al final, James Wolfe cambia sus planes de ataque y decide intentar una maniobra valiente: desembarcar en la costa de

Beauport, en la orilla norte aguas arriba de Quebec. Se trata de una estrategia peligrosa, ya que los ingleses corren el riesgo de encontrarse con dos cuerpos del ejército francés: las defensas de la ciudad donde se encuentran los hombres de Louis Joseph de Montcalm en Beauport y las tropas de Louis Antoine de Bougainville, en la costa del San Lorenzo —estas últimas pueden tomar a los británicos por la retaguardia—. James Wolfe escoge entonces Anse-au-Foulon, un lugar tan poco practicable que los franceses no han considerado que fuera necesario defenderlo, pero que tiene la ventaja de llevar hasta las llanuras de Abraham a través de un sendero escarpado. A pesar del estado del terreno y de la extensión importante de la cuesta que hay que subir, los ingleses logran desembarcar a sus tropas en la noche del 12 al 13 de septiembre. Hacia las 8:00 de la mañana, más de 4000 soldados ingleses logran instalarse en las llanuras de Abraham.

LA BATALLA DE LAS LLANURAS DE ABRAHAM

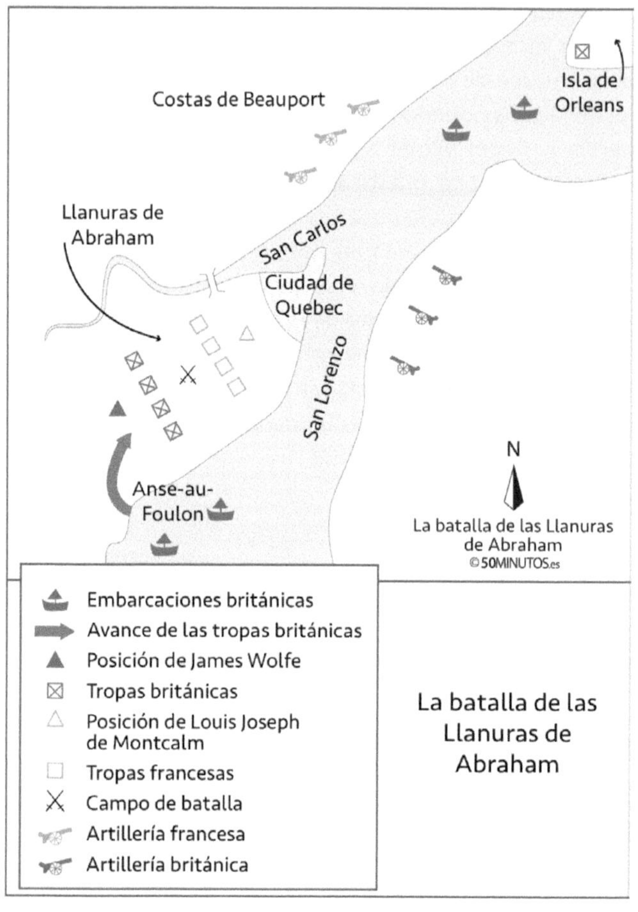

La batalla de las Llanuras de Abraham

En la mañana del 13 de septiembre, Louis Joseph de Montcalm recibe la noticia y decide enviar inmediatamente a sus hombres hacia el enemigo. Para permitirle llegar con sus tropas y retrasar a los ingleses, cerca de 800 hombres (milicianos de Quebec y francotiradores indios) inician el combate. Los franceses confían en que Louis Antoine de Bougainville, al tanto del desembarco de los ingleses, se unirá a ellos, pero es en vano: este último espera las órdenes del gobernador escudriñando las embarcaciones frente a Cap-Rouge; por lo tanto, Louis Joseph de Montcalm no puede contar con ese apoyo. Por otra parte, desconoce si los ingleses tienen previsto un segundo desembarco en Beauport: ¿el ataque en las llanuras de Abraham es una simple diversión o se trata del verdadero ataque de invasión? Además, a causa de las desigualdades del terreno, el teniente general francés no logra determinar el número de enemigos al que se enfrenta. Por último, no sabe si debería llamar a todavía más tropas de la ciudad.

A las 10:00, los dos ejércitos se ponen en posición de batalla. Cerca de 4400 soldados regulares ingleses están apostados frente a los 4500 soldados de Nueva Francia (franceses y habitantes alistados). Las tropas inglesas se alinean en dos líneas para cubrir el mayor espacio posible. James Wolfe espera que los franceses disparen en primer lugar y eso es precisamente lo que ocurre. En efecto, Louis Joseph de Montcalm decide atacar sin esperar a las posibles tropas de Louis Antoine de Bougainville. Los defensores franceses, que efectúan una maniobra clásica, bajan a toda prisa la cuesta en columna para romper la línea británica, disparando en primer lugar. Pero la distancia es demasiado grande entre ellos y las tropas inglesas aguantan la primera salva sin sufrir demasiados daños.

En seguida, la artillería inglesa replica para desestabilizar a los franceses, que todavía no están perfectamente posicionados. Para aumentar la capacidad de sus armas de fuego, los ingleses han cargado previamente sus fusiles con dos balas, por lo que la primera salva tiene un carácter devastador. Es tan potente que genera una auténtica masacre entre las líneas francesas. No obstante, las tropas de Louis Joseph de Montcalm disparan otras dos ráfagas, desde una distancia adecuada esta vez, con las que causan pérdidas más importantes en el bando inglés. Entonces, los británicos envían una segunda réplica igual de devastadora que la primera: en el lado francés, se produce una desbandada.

Los flancos franceses abandonan su posición, primero por la izquierda y, después, por la derecha, e intentan replegarse hacia la ciudad o hacia el puente del río San Carlos, perseguidos por las tropas británicas, que van armadas con bayonetas. En este caos, se reúnen algunos fugitivos y menos de 1000 hombres crean una emboscada en el norte de las llanuras para frenar la persecución de los ingleses. Durante la retirada francesa, intentan volver a formarse algunos pelotones, pero con poco éxito. Al final, estos actos de resistencia solo permiten que los soldados derrotados ganen tiempo y puedan alcanzar las murallas de la ciudad. La batalla solo habrá durado media hora.

LA CAÍDA DE QUEBEC

Imagen de la toma de Quebec por parte de los ingleses en 1759.

Los dos comandantes francés e inglés resultan mortalmente heridos durante el enfrentamiento: James Wolfe muere poco después de la batalla y Louis Joseph de Montcalm, durante la noche del día siguiente. En el bando inglés, se producen 58 muertos y menos de 600 heridos, mientras que los franceses sufren el doble de pérdidas en sus filas.

Los ingleses, que ya están preparándose para un nuevo asedio de la ciudad, construyen instalaciones útiles en estas circunstancias y colocan sus nuevas piezas de artillería. Las defensas de la ciudad ya solo están conformadas por 2200 hombres, de los que únicamente 300 son soldados regulares. El responsable de la defensa de Quebec, Jean-Baptiste-

Nicolas-Roch de Ramezay (1708-1777), recibe 150 hombres y algunos cañones de refuerzo. Durante un consejo de guerra que se convoca de manera urgente, las autoridades de la ciudad encargadas de su defensa se plantean cada vez con más fuerza una capitulación. Mientras tanto, se confirma la amenaza: los ingleses cavan un foso a 100 metros de la ciudad en el que colocan unas 20 piezas de artillería de calibre impresionante.

En Quebec, empiezan a faltar víveres y un nuevo bombardeo podría ocasionar grandes daños en partes de la ciudad que hasta ahora habían salido indemnes. El 15 de septiembre, ambos bandos acuerdan una tregua para evacuar a las mujeres y a los niños. Los ingleses aprovechan para preparar el terreno. Cuando parece que la rendición es la única salida posible a esta batalla, el general francés François-Gaston de Lévis (1720-1787), que entonces se encuentra en Montreal, planea atacar a los asaltantes para alejarlos de Quebec hasta el invierno. Pero llega demasiado tarde: el tiempo juega en contra de los habitantes de Quebec, que firman la capitulación de la ciudad en la noche del 15 de septiembre y se la entregan a los británicos en la mañana del día siguiente.

Los asediados se rinden dos días después de la batalla de las Llanuras de Abraham, mientras Louis Antoine de Bougainville y sus tropas se acercan. Entonces, se invierten los papeles: los defensores se convierten en asaltantes y viceversa. Para no provocar una mayor hostilidad de los ciudadanos, los ingleses les entregan el derecho de libre circulación, tan solo ocho días después de la batalla. Dado que se acerca el crudo invierno, los franceses retrasan su contraofensiva y envían al grueso de sus efectivos a Montreal. Ya solo quedan 300 hombres en el Fuerte Jacques-Cartier, que no se encuentra lejos de Quebec.

REPERCUSIONES

LAS CONSECUENCIAS DE LA CONQUISTA DE QUEBEC

El general francés François-Gaston de Lévis intenta en vano retomar Quebec a finales del mes de abril de 1760, a pesar de la victoria en Sainte-Foy, cerca de Quebec, al oeste. Pero no lo logra, ya que los ingleses reciben el apoyo de 4 buques de guerra y las tropas francesas apenas tienen cañones. La situación es desastrosa y, muy rápidamente, considera que la colonia está perdida. Es abandonada por Francia, a la que parece no importarle el futuro de esta. En efecto, a partir de ese momento, Quebec escapa de la dominación francesa. La Ciudad Baja de Quebec, situada cerca del puerto, es destruida casi por completo a causa de los bombardeos, al igual que un número elevado de casas y de calles que llevan al puerto. Por consiguiente, las primeras obras de reconstrucción que efectúan los militares británicos son estratégicas. De hecho, consideran que las fortificaciones de la ciudad son demasiado antiguas y reclaman una ciudadela. Hay que proteger Quebec, un lugar estratégico y rentable.

Durante el asedio, el oficial británico Robert Monckton (1726-1782) había recibido la orden del general James Wolfe de asolar los campos de la ciudad para obligar a Louis Joseph de Montcalm a efectuar una salida y provocar una batalla campal. Esto tiene un impacto nefasto en las cosechas y en la agricultura local. Por lo tanto, los ingleses se esfuerzan en repoblar el campo con colonos. Esto genera una migración británica que proviene del continente y de las trece colonias situadas en el sur. Por consiguiente, la población anglófona aumenta progresivamente, pero sigue siendo minoritaria a principios del siglo XIX.

Por otra parte, los nuevos dueños de Quebec comprenden que tienen que mantener una buena relación con los colonos. En efecto, resultaría nefasto que las tropas sufrieran actos de sabotaje o de resistencia por parte de los habitantes de la ciudad, sobre todo porque la conquista todavía no ha terminado.

EL DESTINO SELLADO DE NUEVA FRANCIA, EL ABANDONO DE LA METRÓPOLIS

En el otoño de 1759, de Nueva Francia solo quedan Montreal y sus campos que la unen a Quebec, el valle del Richelieu y el lago Ontario. Por su parte, el ejército inglés que se dirigía a Montreal por el camino del lago Champlain se ve obligado a aplazar su invasión a la primavera siguiente, dado que la temporada ya está avanzada.

Ya no existe Nueva Francia: ha perdido sus puestos avanzados del este; los puestos del lago Hurón, del lago Míchigan y del lago Superior están aislados de Canadá, al igual que la colonia de Luisiana, tras las victorias inglesas en el lago Ontario, en el lago Erie y en valle del Ohio. Es el final del Imperio francés de América, reducido a pedazos que pierden su valor económico y su poder político debido a su desarticulación.

Las arcas del Estado francés se ven muy afectadas. La metrópolis solo preveía 2 millones de libras para los gastos coloniales, pero al final estos resultan ser tres veces más elevados. Para compensar este déficit, el intendente ordena la emisión de letras de cambio y moneda de naipe, lo que genera inflación. Pero en octubre de 1759, el Gobierno francés suspende el pago de las letras de cambio de las colonias, y eso provoca el desplome del papel moneda canadiense. A partir de ahí, Francia expresa su negativa a cumplir con sus obligaciones con los habitantes del antiguo Canadá.

Además, entre 1759 y 1760 no se envía ninguna ayuda francesa significativa, mientras los ingleses envían a tres ejércitos hacia Montreal: el primero llega por Quebec, el segundo por el lago Ontario y el último por el valle del Richelieu. Entonces, Jean-Baptiste-Nicolas-Roch de Ramezay, el gobernador de la colonia, se ve obligado a firmar la rendición en la mañana del 18 de septiembre de 1759. Francia solo cederá sus territorios a Inglaterra de forma oficial unos años más tarde, con la firma del Tratado de París del 10 de febrero de 1763, que estipula la cesión de Canadá, de una parte de Luisiana y de la mayoría de las posesiones francesas de las Indias a los ingleses, que se convierten así en los señores de Norteamérica.

HACIA UN NUEVO RÉGIMEN

Según una idea que todavía a día de hoy está extendida en la parte francófona de Canadá, la conquista británica de los territorios de Nueva Francia se vive en su momento como un hecho traumático. En realidad, aunque existen diferencias notables entre los dos regímenes y se producirán discriminaciones, los ingleses intentarán mantener una buena relación con la población, gracias al Acta de Quebec de 1774, que se articula en torno a tres grandes ejes:

- la abolición de la Test Act (o juramento del Test), que sometía los funcionarios al rey de Inglaterra y a la Iglesia anglicana y, así, excluía a los católicos de la función pública. Con la abolición del juramento, estos pueden volver a trabajar como funcionarios;
- la vuelta al derecho civil francés;
- la preservación de las estructuras administrativas.

La razón para alcanzar estas soluciones intermedias se encuentra en el hecho de que los ingleses son conscientes de la importancia de los territorios que acaban de conquistar: además de su interés financiero, Canadá posee vías marítimas cuyo control permite acceder a la mayor parte de la región norteamericana. Por este motivo, el control de Quebec y de su promontorio será un elemento crucial durante la guerra de Independencia estadounidense, en 1775.

¿SABÍAS QUE...?

Entre 1775 y 1783, las trece colonias estadounidenses se sublevan contra el yugo inglés e inician una guerra de independencia. En efecto, los colonos americanos no están contentos con las decisiones de Inglaterra que estipulan subidas de impuestos y delimitaciones del territorio. El conflicto también divide a los colonos, así que acaban creándose dos bandos: los lealistas, que se mantienen fieles al Gobierno inglés, y los patriotas.

Las primeras batallas se desarrollan en las colonias

del norte y en Canadá. A continuación, se unen las colonias del sur, que se proveen de declaraciones de independencia.

Los ejércitos estadounidenses, liderados por George Washington (1732-1799), futuro primer presidente de Estados Unidos, se alzan con victorias fundamentales en Saratoga y gozan del apoyo de grandes naciones europeas, como España, Francia y las Provincias Unidas. Tras unas campañas largas y tediosas, los británicos aceptan su derrota y la autonomía de Estados Unidos con el Tratado de Versalles, el 3 de septiembre de 1783, cediendo además los territorios que poseen al este del Misisipi. Al término de la guerra, el balance es grave, dado que las pérdidas humanas en cada bando se sitúan en torno a los 5000 muertos.

Así, la batalla de las Llanuras de Abraham es una etapa decisiva en la acción militar que efectúan los ingleses. Permite la toma de Quebec, considerada la plaza fuerte de Nueva Francia que, una vez que cae en manos de los británicos, lleva a todo el país hacia un nuevo régimen. Por eso, esta batalla es un momento clave de la historia de Canadá, algo en lo que coinciden todos los historiadores norteamericanos, y se convierte en un auténtico eje que acaba definiendo las características actuales del país.

EN RESUMEN

- En 1754, los ingleses inician la conquista de Canadá, posesión francesa que despierta sus ambiciones desde hace más de un siglo.
- 2 años más tarde, comienza la guerra de los Siete Años, en la que se enfrentan Inglaterra y Francia. Es importante lo que está en juego: la creación de un imperio colonial.
- En 1758, tras la caída de Luisburgo, Quebec se convierte en el objetivo principal de los británicos.
- El 24 de junio de 1759, empieza el desembarco inglés a orillas del río San Lorenzo, frente a Quebec. Los ingleses están preparados para que comience el asedio de la

ciudad.

- En la noche del 12 al 13 de septiembre, James Wolfe y sus hombres llegan a Anse-au-Foulon, un camino escarpado que lleva a las llanuras de Abraham, cuando los franceses están convencidos de que el desembarco se producirá en Beauport.
- Hacia las 8 de la mañana, más de 4000 soldados ingleses están instalados en el campo de batalla. Louis Joseph de Montcalm, que comprende la maniobra, lleva a sus tropas ante las de James Wolfe.
- A las 10 de la mañana, los ejércitos se ponen en posición de combate. Louis Joseph de Montcalm ordena a los defensores franceses que lancen una primera salva, que solo produce daños menores, ya que la distancia es demasiado grande frente a las tropas inglesas.
- Entonces, entra en acción la artillería inglesa, que provoca grandes pérdidas en unas filas francesas que consiguen replicar.
- La segunda oleada británica, devastadora, provoca la desbandada de una gran parte de los hombres de Louis Joseph de Montcalm, a quienes los ingleses persiguen en su huida.
- Al término de la batalla, que ni siquiera habrá durado una hora, la victoria inglesa es inapelable.
- El 18 de septiembre, para evitar un nuevo asedio, el responsable de la defensa de Quebec, Jean-Baptiste-Nicolas-Roch de Ramezay acepta la rendición.
- El 24 de agosto de 1760, la caída de Montreal firma el final efectivo de Nueva Francia.
- El 10 de febrero de 1763, Francia renuncia oficialmente a sus posesiones coloniales en Norteamérica con la firma

del Tratado de París, que pone punto final a la guerra de
los Siete Años.

PARA IR MÁS ALLÁ

FUENTES BIBLIOGRÁFICAS

- Comission des champs de bataille nationaux, "Bataille des Plaines d'Abraham". Consultado el 22 de junio de 2017. http://www.ccbn-nbc.gc.ca/
- Frégaut, Guy. 1969. *Canada. The War of The Conquest.* Toronto: Oxford University Press.
- Mathieu, Jacques y Eugen Kedl. 1993. *Les plaines d'Abraham. Le culte de l'idéal.* Quebec: Septentrion.
- Parkman, Francis. 2000. *Montcalm and Wolfe.* Nueva York: Modern Library.
- Stacey, Charles Perry. 1959. *Quebec, 1759: The Siege and The Battle.* Toronto: Laurentian Library.

FUENTES COMPLEMENTARIAS

- de Bougainville, Louis Antoine. 2003. *Écrits sur le Canada. Mémoires, journal, lettres.* Quebec: Septentrion.
- Dickinson, John y Brian Young. 2008. *A Short History of Quebec.* Quebec: Fourth Edition.
- Dull, Jonathan. 2009. *La guerre de Sept Ans. Histoire navale, politique et diplomatique.* Rennes: Les Perséides, colección *Le monde atlantique.*
- Dupuy, Trevor N., Curt Johnson y David L. Bongard. 1992. *The Encyclopedia of Military Biography.* Londres: I. B. Tauris.
- González Cruz, David. 2006. *Une guerre de religion entre princes catholiques. La succession de Charles II dans l'empire espagnol.* París: École des Hautes Études en

Sciences Sociales, colección *Civilisations et sociétés*.
- Keegan, John y Andrew Wheatcroft. 1996. *Who's Who in Military History. From 1453 to the Present Day.* Londres: Routledge.
- Lewis, Michael. 1962. *The History of the British Navy.* Baltimore: Penguin Books.
- Linteau, Paul-André. 2007. *Histoire du Canada.* París: Presses universitaires de France, colección *Que sais-je?*

FUENTES ICONOGRÁFICAS

- Retrato de James Wolfe. La imagen reproducida está libre de derechos.
- Retrato de Louis Joseph de Montcalm. La imagen reproducida está libre de derechos.
- Retrato de Louis Antoine de Bougainville. La imagen reproducida está libre de derechos.
- Imagen de la ciudad de Luisburgo tal como era en 1758. La imagen reproducida está libre de derechos.
- Imagen de la toma de Quebec por parte de los ingleses en 1759. La imagen reproducida está libre de derechos.

ICONOGRAFÍA

- *La Mort de Montcalm* («la muerte de Montcalm») estampa de François-Joseph-Louis Watteau (pintor francés, 1731-1798), *circa* 1783, conservada en la Biblioteca Nacional de Francia, en París, Francia.
- *La muerte del general Wolfe*, cuadro de Benjamin West (pintor estadounidense, 1738-1820), 1770, conservado en el Museo de Bellas Artes de Canadá, Ottawa, Canadá.

- *La toma de Quebec*, cuadro de Hervey Smyth (oficial del ejército y pintor inglés, 1734-1811), *circa* 1797, conservado en la Biblioteca del Ministerio de Defensa Nacional, en Ottawa, Canadá.
- *Vue de la bataille des Plaines d'Abraham* («vista de la batalla de las Llanuras de Abraham»), grabado publicado por Laurie and Whittle (editores ingleses, siglos XVIII-XIX), 1759, conservado en la Biblioteca y Archivos de Canadá, en Ottawa, Canadá.

DOCUMENTALES

- *Battle for North America*. Dirigido por Natham Williams y Thomas Clifford. Gran Bretaña: Ballista Media, 2010.
- *History's Turning Points — 1759 AD: The Battle For Canada*. Dirigido por Neil Cameron, 1995.
- *La fin de la Nouvelle-France*. Dirigido por Brian McKenna y Olivier Julien. Francia y Canadá: Galafilm Productions y Gedeon Programmes, 2009.

MUSEOS Y EDIFICIOS CONMEMORATIVOS

- La ciudadela de Quebec, en Quebec, Canadá.
- El jardín de Juana de Arco, situado en el parque de los Campos de Batalla, en Quebec, Canadá.
- El monumento a los combatientes, inaugurado en 2009 y dedicado a los militares y a los civiles caídos durante la guerra de los Siete Años, durante la batalla de Sainte-Foy y durante la de las Llanuras de Abraham, situado en el parque de los Campos de Batalla, en Quebec, Canadá.
- El monumento a Wolfe del Museo Nacional de Bellas

Artes de Quebec, situado en el parque de los Campos de Batalla en Quebec, Canadá.

- El parque de las Llanuras de Abraham, situado en el parque de los Campos de Batalla, en Quebec, Canadá.
- El pozo de Wolfe del Museo nacional de Bellas Artes de Quebec. Canadá.

Según la leyenda, de este pozo se habría sacado agua para aliviar la sed del general británico agonizante.